아빠표
영어구구단
+파닉스

6

to부정사

Miklish.com

⭐ 시작하기 전에

'나는 원한다'는
I want임을 알려주고,
She wants와 비교해서 알려주세요.

예시)
'나는 원한다'가 I want면,
'그녀는 원한다'는?
(답: She wants)

3단과 5단(사실상 1~5단 전부)을
익히고 6단을 익히는 것을 추천합니다.

함께 고생한 딸
루나에게 감사드립니다

책을 집필할 수 있도록
다하를 돌봐주신 부모님과
어린이집 선생님들께 감사드립니다

1 '원하다'는 want야. (따라 해봐 want) / '나는 원한다'는? (I want)
2 '출발하다'는 start야. (따라 해봐 start) / '출발하다'는? (start)
3 '출발하기'는 to start야. (따라 해봐 to start) / '출발하다'가 start면 '출발하기'는? (to start) / '출발하기'는? (to start)
4 '나는 출발하기 원한다'는 I want to start야. (따라 해봐 I want to start) / '나는 출발하기를 원한다'는? (I want to start)
5 1단에서 배웠는데, '차'는 영어로 뭐였지? (car, 틀렸다면 따라 해봐 car)

⁵나는 그 차를 출발하기를 원한다는?

a/an은 많이 해봤으니까, 이 책에서는 the를 위주로 사용해.

한글의 'ㅇ'으로 시작하는 글자를 '모음'이라고 하며, a가 짧게 소리 날 때는 '아'로 소리 낸다.

I want to start the car.

1 우리는 원한다는? (따라 해봐 We want)
2 '시작하다'도 '출발하다'와 마찬가지로 'start'야. (따라 해봐 start) / '시작하다'가 뭐라고? (start)
3 '시작하기'는 to start야. (따라 해봐 to start) / '시작하다'가 start면 '시작하기'는? (to start)
4 '우리는 시작하기를 원한다'는 We want to start야. (따라 해봐 We want to start) / '우리는 시작하기를 원한다'는? (We want to start)
5 '파티'는 영어로도 '파티'야. 따라 해봐 party / '파티'가 뭐라고? (party)

⁵우리는 그 파티를 시작하기를 원한다는?

한글의 'ㅇ'으로 시작하는 글자를 '모음'이라고 하며, a가 짧게 소리 날 때는 '아'로 소리 낸다.

We want to start the party.

1 '나는 원한다'는? (I want)
2 '가져간다'가 take면, '가져가는 것'은? (to take)
3 '나는 가져가기를 원한다'는? (I want to take)
4 '아기'가 baby면 '그 아기'는? (the baby)

⁵나는 그 아기를 **가져가기를** 원한다는?

a에 강세가 있으면 길게 '에이'로 소리내기도 한다. 발음기호는 ei.

I want **to take** the baby.

a단모음=아　　a장모음=에이　　a장모음=애　　e단모음=에　　e장모음=이이　　i단모음=이　　i장모음=아이

1 '그것은 원한다'는? (It wants)
2 '놀다'가 play면, '놀기'는? (to play)
3 '그것은 놀기를 원한다'는? (It wants to play)
4 '게임'이 game이면, '그 게임'은? (the game)

⁵그것은 그 게임으로 놀기를 원한다는?

아빠표 영어 구구단 3단에서 배운 것처럼, 'it'은 3인칭 단수니까 want가 아니라 wants를 써야 해.

a에 강세가 있으면 길게 '에이'로 소리내기도 한다. 발음기호는 ei.

It wants to play the game.

o장모음=오우   o단모음=어   a/o장모음=어   u/oo=우   w이중모음=우+   j이중모음=이+   toV부사=~하기위해   7

1 '그들은 원한다'는? (They want)
2 '걸다'가 hang이면, '거는 것'은? (to hang)
3 '그들은 걸기를 원한다'는? (They want to hang)
4 '가방'이 bag이면, '그 가방들'은? (the bags)

⁵그들은 그 가방들을 걸기를 원한다는?

a에 강세가 있을 때 '애'로 소리내기도 한다. 이때 입은 '아'를 소리 낼 때처럼 크게 벌린다. 발음기호는 æ.

They want to hang the bags.

1 '그녀는 원한다'는? (She wants)
2 '결혼하다'가 marry면, '결혼하는 것'은? (to marry)
3 '그녀는 결혼하기를 원한다'는? (She wants to marry)
4 '(성인) 남자'가 man이면, '그 남자'는? (the man)

⁵ 그녀는 그 남자와 **결혼하기를** 원한다는?

a에 강세가 있을 때 '애'로 소리내기도 한다. 이때 입은 '아'를 소리 낼 때처럼 크게 벌린다. 발음기호는 æ.

She wants **to marry** the man.

o장모음=오우   o단모음=어   a/o장모음=어   u/oo=우   w이중모음=우+   j이중모음=이+   toV부사=~하기위해

1 '나는 원한다'는? (I want)
2 '돕다'가 help면, '돕는 것'은? (to help)
3 '나는 돕기를 원한다'는? (I want to help)
4 '친구'가 friend면, '나의 친구'는? (my friend)

⁵나는 나의 친구를 **돕기를** 원한다는?

e를 짧게 소리 날 때, '에'로 소리 낸다.

I want **to help** my friend.

a단모음=아   a장모음=에이   a장모음=애   e단모음=에   e장모음=이이   i단모음=이   i장모음=아이

1 '그녀는 원한다'는? (She wants)
2 '보낸다'가 send면, '보내는 것'은? (to send)
3 '그녀는 보내기를 원한다'는? (She wants to send)
4 '편지'가 letter이면, '그 편지'는? (the letter)

⁵ 그녀는 그 편지를 **보내기를** 원한다는?

e를 짧게 소리 날 때, '에'로 소리 낸다.

She wants **to send** the letter.

o장모음=오우   o단모음=어   a/o장모음=어   u/oo=우   w이중모음=우+   j이중모음=이+   toV부사=~하기위해   11

1 '그녀는 원한다'는? (She wants)
2 '보다'가 see면, '보는 것'은? (to see)
3 '그녀는 보기를 원한다'는? (She wants to see)
4 '거리'가 street면, '그 거리'는? (the street)

⁵그녀는 그 거리를 보기를 원한다는?

look/see: look은 눈을 향하는 행위를 말하고, see는 봐서 알게 되는 것을 말해. / **street/road:** road는 주로 차가 다니는 도로, street는 길거리를 말해.

e 뒤에 다른 모음(e, a, i, y)이 붙으면 '이이'로 길게 소리 낸다. 발음기호는 i:

She wants to see the street.

a단모음=아   a장모음=에이   a장모음=애   e단모음=에   e장모음=이이   i단모음=이   i장모음=아이

1 '그는 원한다'는? (He wants)
2 '놓고 가다'가 leave면, '놓고 가는 것'은? (to leave)
3 '그는 놓고 가기를 원한다'는? (He wants to leave)
4 '열쇠'가 key면, '그 열쇠'는? (the key)

⁵ 그는 그 열쇠를 놓고 가기를 원한다는?

e뒤에 다른 모음(e, a, i, y)이 붙으면 '이이'로 길게 소리 낸다. 발음기호는 i.

He wants to leave the key.

o장모음=오우   o단모음=어   a/o장모음=어   u/oo=우   w이중모음=우+   j이중모음=이+   toV부사=~하기위해   13

1 '나는 원한다'는? (I want)
2 '고르다'가 pick면, '고르는 것'은? (to pick)
3 '나는 고르기를 원한다'는? (I want to pick)
4 '도시'가 city면, '그 도시'는? (the city)

⁵ 나는 그 도시를 고르기를 원한다는?

pick는 여러 선택지 중에서 하나를 고르는 것이고, 고르는 '행동'을 말하는 것이라면, choose는 자신이 '원하는' 것을 선택하는 것을 말해.

i가 짧게 소리 날 때, '이'로 소리 낸다

I want to pick the city.

a단모음=아   a장모음=에이   a장모음=애   e단모음=에   e장모음=이이   i단모음=이   i장모음=아이

1 '그녀는 원한다'는? (She wants)
2 '가져온다'가 bring이면, '가져오는 것'은? (to bring)
3 '그녀는 가져오기를 원한다'는? (She wants to bring)
4 '그림'이 picture면, '그 그림'은? (the picture)

⁵그녀는 그 그림을 **가져오기를 원한다**는?

i가 짧게 소리 날 때, '이'로 소리 낸다.

She wants **to bring** the picture.

1 '그들은 원한다'는? (They want)
2 '좋다한다'가 like면, '좋아하는 것'은? (to like)
3 '그들은 좋아하기를 원한다'는? (They want to like)
4 '시간'이 time이면, '그들의 (함께한) 시간'은? (the time)

5 그들은 그들의 시간을 **좋아하기를** 원한다는?

i가 길게 소리 날 때, '아이'로 소리 낸다. 발음기호는 ai.

They want to like their time.

a단모음=아　　　a장모음=에이　　　a장모음=애　　　e단모음=에　　　e장모음=이이　　　i단모음=이　　　i장모음=아이

1 '그들은 원한다'는? (They want)
2 '찾는다'가 find면, '찾는 것'은? (to find)
3 '그들은 찾기를 원한다'는? (They want to find)
4 '아이디어'가 idea면, '한 아이디어'는? (an idea)

⁵그들은 한 아이디어를 **찾기를** 원한다는?

idea에서 i는 모음이기 때문에 'a'가 잘 안 들려서 'an' idea로 써.

i가 길게 소리 날 때, '아이'로 소리 낸다. 발음기호는 ai.

They want **to find** an idea.

o장모음=오우   o단모음=어   a/o장모음=어   u/oo=우   w이중모음=우+   j이중모음=이+   toV부사=~하기위해   I7

1 '그는 원한다'는? (He wants)
2 '들고 있다'가 hold면, '들고 있는 것'은? (to hold)
3 '그는 들고 있기를 원한다'는? (He wants to hold)
4 '전화기'가 phone이면, '그 전화기'는? (the phone)

⁵ 그는 그 전화기를 들고 있기를 원한다는?

영어에서 ph는 f로 발음해. 그래서 전화기는 poun이 아니라 foun으로 발음해.

o가 길게 소리 날 때 '오우'로 소리 낸다. 발음기호는 ou.

He wants to hold the phone.

a단모음=아   a장모음=에이   a장모음=애   e단모음=에   e장모음=이이   i단모음=이   i장모음=아이

1 '그는 원한다'는? (He wants)
2 '보여준다'가 show면, '보여주는 것'은? (to show)
3 '그는 보여주기를 원한다'는? (He wants to show)
4 '배'가 boat면, '그 배'는? (the boat)

⁵ 그는 그 배를 **보여주기를** 원한다는?

o가 길게 소리 날 때 '오우'로 소리 낸다. 발음기호는 ou. 길게 소리 날 때는 주로 강세가 있거나 뒤에 다른 모음이 붙은 경우가 많다.

He wants **to show** the boat.

o장모음=오우   o단모음=어   a/o장모음=어   u/oo=우   w이중모음=우+   ¡이중모음=이+   toV부사=~하기위해   19

1 '그녀는 원한다'는? (She wants)
2 '사랑하다'가 love면, '사랑하는 것'은? (to love)
3 '그녀는 사랑하기를 원한다'는? (She wants to love)
4 '누군가'는 someone이야. / '누군가'는? (someone)

5 그녀는 누군가를 사랑하기를 원한다는?

영어에서 셀 수 없는 명사를 제외하고 모든 명사에는 한정사(a, the, this, my, -s)가 붙어야 하는데, someone처럼 한정사(some)+대명사(one)로 된 단어에는 한정사를 쓰지 않아.

o가 짧게 소리 날 때, '어'로 소리 낸다. 사실상은 대부분의 모음이 약해지면 '어'로 소리 낸다. 발음기호는 ʌ, 또는 ə.

She wants to love someone.

a단모음=아   a장모음=에이   a장모음=애   e단모음=에   e장모음=이이   i단모음=이   i장모음=아이

1 '그는 원한다'는? (He wants)
2 '보호하다'가 protect면, '보호하는 것'은? (to protect)
3 '그는 보호하기를 원한다'는? (He wants to protect)
4 '돈'이 money면, '그 돈'은? (the money)

5 그는 그 돈을 **보호하기를** 원한다는?

o가 짧게 소리 날 때, '어'로 소리 낸다. 사실상은 대부분의 모음이 약해지면 '어'로 소리 낸다. 발음기호는 ʌ, 또는 ə.

He wants **to protect** the money.

o장모음=오우   o단모음=어   a/o장모음=어   u/oo=우   w이중모음=우+   j이중모음=이+   toV부사=~하기위해   21

1 '그녀는 원한다'는? (She wants)
2 '부르다'가 call이면, '부르는 것'은? (to call)
3 '그녀는 부르기를 원한다'는? (She wants to call)
4 '딸'이 daughter이면, '그녀의 딸'은? (her daughter)

⁵ 그녀는 그녀의 딸을 **부르기를** 원한다는?

a가 길게 소리 날 때 입을 '아'처럼 크게 벌리고 '어'를 소리 낸다. 발음기호는 ɔ.

She wants **to call** her daughter.

a단모음=아　　a장모음=에이　　a장모음=애　　e단모음=에　　e장모음=이이　　i단모음=이　　i장모음=아이

1 '그녀는 원한다'는? (She wants)
2 '제공하다'가 offer이면, '제공하는 것'은? (to offer)
3 '그녀는 제공하기를 원한다'는? (She wants to offer)
4 '사무실'이 office면, '그 사무실'은? (the office)

⁵ 그녀는 그 사무실을 제공하기를 원한다는?

offer는 '어'(모음)로 소리 나기 때문에, '더 어피ㅆ'로 소리 내면 '더(the)'가 잘 안 들릴 수 가 있어서, '디 어피ㅆ'로 소리 내.

o가 길게 소리 날 때 입을 '아'처럼 크게 벌리고 '어'를 소리 낸다. 발음기호는 ɔ.

She wants to offer the office.

o장모음=오우　　o단모음=어　　a/o장모음=어　　u/oo=우　　w이중모음=우+　　j이중모음=이+　　toV부사=~하기위해　23

1 '그녀는 원한다'는? (She wants)
2 '당기다'가 pull이면, '당기는 것'은? (to pull)
3 '그녀는 당기기를 원한다'는? (She wants to pull)
4 '발'이 foot면, '그 발'은? (the foot)

⁵ 그녀는 그 발을 **당기기를** 원한다는?

u는 '우'나 '유'로 소리 낸다.

She wants **to pull** the foot.

a단모음=아   a장모음=에이   a장모음=애   e단모음=에   e장모음=이이   i단모음=이   i장모음=아이

1 '그것은 원한다'는? (It wants)
2 '선택하다'가 choose면, '선택하는 것'은? (to choose)
3 '그것은 선택하기를 원한다'는? (It wants to choose)
4 '책'이 book이면, '그 책'은? (the book)

⁵ 그것은 그 책을 **선택하기를** 원한다는?

pick는 여러 선택지 중에서 하나를 고르는 것이고, 고르는 '행동'을 말하는 것이라면, choose는 자신이 '원하는' 것을 선택하는 것을 말해.

oo는 '우'로 소리 낸다.

It wants to choose the book.

1 '그는 원한다'는? (He wants)
2 '이기다'가 win이면, '이기는 것'은? (to win)
3 '그는 이기기를 원한다'는? (He wants to win)
4 '전쟁'이 war이면, '그 전쟁'은? (the war)

5 그는 그 전쟁을 이기기를 원한다는?

w는 '우'로 소리 내며, 뒤에 다른 모음이 붙어서 함께 소리 낸다

He wants to win the war.

a단모음=아   a장모음=에이   a장모음=애   e단모음=에   e장모음=이이   i단모음=이   i장모음=아이

1 '그녀는 원한다'는? (She wants)
2 '보다'가 watch면, '보는 것'은? (to watch)
3 '그녀는 보기를 원한다'는? (She wants to watch)
4 '마녀'가 witch면, '그 마녀'는? (the witch)

⁵ 그녀는 그 마녀를 보기를 원한다는?

watch는 '눈으로 따라가면서' 보는 것을 말해.

w는 '우'로 소리 내며, 뒤에 다른 모음이 붙어서 함께 소리 낸다.

She wants to watch the witch.

o장모음=오우　o단모음=어　a/o장모음=어　u/oo=우　w이중모음=우+　j이중모음=이+　toV부사=~하기위해　27

1 '필요하다'는 need야, '그녀는 필요하다'는? (She needs)
2 '사용하다'가 use면, '사용하는 것'은? (to use)
3 '그녀는 사용하기를 원한다'는? (She needs to use)
4 '컴퓨터'는 computer면, '그 컴퓨터'는? (the computer)

⁵ 그녀는 그 컴퓨터를 **사용하는 것**이 필요하다는?

u가 '유'로 소리 날 때 발음기호는 ju

She needs to use the computer.

a단모음=아   a장모음=에이   a장모음=애   e단모음=에   e장모음=이이   i단모음=이   i장모음=아이

1 '필요하다'는 need야, '그녀는 필요하다'는? (She needs)
2 '사용하다'가 use면, '사용하는 것'은? (to use)
3 '그녀는 사용하는 것이 필요하다'는? (She needs to use)
4 '해(년)'가 year면, '그 해(년)'는? (the year)

⁵ 그녀는 그 해를 **사용하는 것**이 필요하다는?

내용상은 문장 뒤에 '무엇을 위해' 그 해를 사용하는지 나오는 것이 자연스러워.

y로 시작하는 단어도 뒤에 다른 모음과 함께 소리 날 수 있다. 이때 y의 발음기호는 j 알파벳 j는 발음기호에서 이중모음인 '이'를 의미한다.

She needs to use the year.

o장모음=오우   o단모음=어   a/o장모음=어   u/oo=우   w이중모음=우+   j이중모음=이+   toV부사=~하기위해

1 '봉투'가 envelope면, '그 봉투'는? (the envelope)
2 '나는 그 봉투를 원한다'는? (I want the envelope)
3 '보낸다'가 send면, '보내기 위해'는? (to send)
4 '편지'가 letter이면, '그 편지'는? (the letter) / '그 편지를 보내기 위해'는? (to send the letter)

⁵나는 그 봉투를 원한다/그 편지를 보내기 위해 는?

'누가(I)-한다(want)-무엇을(the envelope)'이 끝나고 to부정사(to+행동)가 나오면 그 '행동을 하기 위해'를 의미해. / 봉투(envelope)는 모음(e)으로 시작하므로 the를 '디'로 발음해.

I want the envelope to send the letter.

a단모음=아   a장모음=에이   a장모음=애   e단모음=에   e장모음=이이   i단모음=이   i장모음=아이